Lo mejor de ti

HACER lo correcto

Dona Herweck Rice

Asesora

Diana Herweck, Psy.D.

Créditos de publicación

Rachelle Cracchiolo, M.S.Ed., *Editora comercial*
Conni Medina, M.A.Ed., *Gerente editorial*
Nika Fabienke, Ed.D., *Realizadora de la serie*
June Kikuchi, *Directora de contenido*
Caroline Gasca, M.S.Ed., *Editora*
Michelle Jovin, M.A., *Editora asociada*
Sam Morales, M.A., *Editor asociado*
Lee Aucoin, *Diseñadora gráfica superior*
Sandy Qadamani, *Diseñadora gráfica*

TIME For Kids y el logo TIME For Kids son marcas registradas de TIME Inc. y se usan bajo licencia.

Créditos de imágenes: pág.11 Camille Tokerud Photography Inc./Getty Images; pág.12 Alys Tomlinson/Getty Images; las demás imágenes de iStock y/o Shutterstock.

Todas las empresas y los productos mencionados en este libro son marcas registradas de sus respectivos propietarios o creadores y solo se utilizan con fines editoriales; el autor y la editorial no persiguen fines comerciales con su uso.

Teacher Created Materials
5301 Oceanus Drive
Huntington Beach, CA 92649-1030
http://www.tcmpub.com
ISBN 978-1-4258-2701-4
© 2018 Teacher Created Materials, Inc.
Printed in China
Nordica.012018.CA21701376

Contenido

Decisiones 4
Herir los sentimientos 10
Lo siento 14
Cómo reparar el daño 18
Dar lo mejor de ti 26
Glosario 28

Decisiones

¿Cómo me vestiré? ¿Qué comeré? ¿A dónde iré? ¿Qué haré?

Todos los días debemos tomar muchas **decisiones**. Algunas son fáciles, como decidir qué ropa vestir. Otras son mucho más difíciles. Esas decisiones demuestran qué clase de persona queremos ser, especialmente en nuestras relaciones personales.

Relaciones

Una relación es la forma en que se llevan dos o más personas. Las relaciones entre los miembros de una familia son importantes. Las relaciones entre amigos también lo son.

Podemos elegir llevarnos bien con los demás. Para lograrlo, tenemos que tratarlos amablemente. Nuestras palabras y acciones deben ser cordiales. ¡También debemos tratarnos así a nosotros mismos!

Lo importante es recordar que la manera en que actuamos es siempre, sin lugar a dudas, una decisión. Cada uno de nosotros tiene el **control** de lo que piensa, dice y hace.

Las relaciones no son solo entre personas.

Pero nadie es perfecto. No siempre tomamos las decisiones correctas. Esto ocurre especialmente cuando nos sentimos heridos, enojados o tristes. En esos momentos puede ser difícil actuar con amabilidad. Incluso podemos olvidar que nosotros tomamos las decisiones. Tal vez actuemos antes de pensar.

Herir los sentimientos

Una parte importante de ser humanos es tener sentimientos. A veces, sentimos alegría. Pero también podemos sentirnos heridos. A veces, nuestras decisiones lastiman los sentimientos de otros. Incluso podemos hacerlo sin intención. ¡Pero hay buenas noticias! Los sentimientos heridos pueden sanar.

El primer paso para sentirte mejor es hablar sobre tus sentimientos.

Una forma de ser mejores personas es decidir **reparar** el daño cuando herimos a alguien. Esto permite curar los sentimientos heridos.

Si alguien pide **disculpas**, deberíamos **perdonar** a esa persona. Nos ayuda a sentirnos bien otra vez.

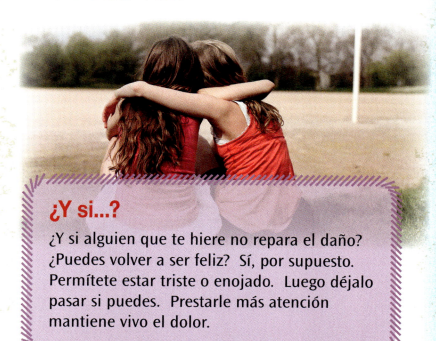

¿Y si...?

¿Y si alguien que te hiere no repara el daño? ¿Puedes volver a ser feliz? Sí, por supuesto. Permítete estar triste o enojado. Luego déjalo pasar si puedes. Prestarle más atención mantiene vivo el dolor.

Reparar el daño fortalece las relaciones.

Lo siento

El primer paso para lograr el perdón son dos palabritas: "lo siento". Estas palabras significan que quien las dice sabe que hirió a alguien. Quiere decir que admite el daño que causó.

A algunas personas les cuesta decir estas palabras. Es necesario ser fuerte para decirlas.

Te perdono

¿Qué deberías contestar cuando alguien te dice "lo siento"? La mejor respuesta es "te perdono". Significa que aceptas las disculpas. Decides recuperarte y seguir adelante.

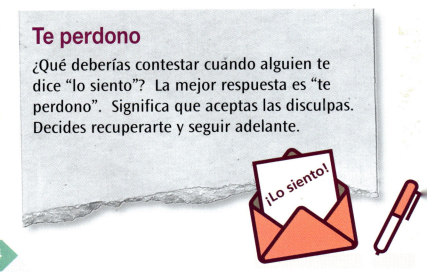

Ser una gran persona

Puede ser difícil decir "lo siento" cuando ambas partes se sienten heridas. Pero alguien debe empezar. Es normal querer que el otro hable primero. Pero si no das el primer paso, es posible que nunca ocurra. Se necesita **valentía** para hablar primero. ¡Tú puedes hacerlo!

¿Una gran persona?

Ser una gran persona no tiene nada que ver con el tamaño. Significa ser valiente. Las grandes personas hacen lo correcto primero, aunque resulte difícil.

Si hieres los sentimientos de alguien, lo primero que puedes decir es "lo siento".

Cómo reparar el daño

La clave es decir "lo siento". Contestar "te perdono" también es importante. Pero la parte más difícil es reparar el daño.

Reparar el daño es hacer algo para corregir un error. No basta con las palabras para reparar la situación. Las acciones también deben repararla.

Tipos de ofensa

El tipo de reparación depende de la **ofensa**. Una ofensa menor necesita una reparación menor. Una ofensa importante necesita una reparación importante.

¿Qué pasa si Álex derrama leche sobre la tarea de Katia? Es un accidente. Álex dice: "lo siento". Después limpia la leche. También ayuda con la tarea. De esta manera, Álex repara el daño por una ofensa menor.

¿Qué ocurre si Julia hace enojar a Raquel y entonces Raquel le arroja un balón? Eso es una ofensa importante. Primero, Raquel debería decir "lo siento". También podría consolar a Julia. Después debería prometer que no volverá a hacer algo así. Debe demostrarle a Julia que es digna de confianza. Ganarse nuevamente la confianza de Julia llevará tiempo.

Consuelo

Consolar a otra persona es cuidarla. El consuelo puede ser una sonrisa cordial. Puede ser un abrazo. ¡Incluso podría ser una taza de chocolate humeante y una manta calentita!

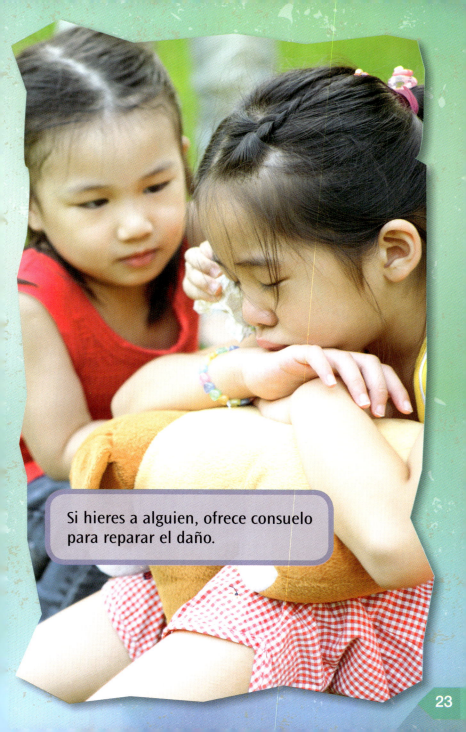
Si hieres a alguien, ofrece consuelo para reparar el daño.

Asumir la responsabilidad

La clave para reparar un daño es asumir la responsabilidad. Debes demostrar que sabes que heriste a alguien. El primer paso es tratar de corregir el error en seguida. Si no es posible, al menos puedes mejorar las cosas.

No siempre es fácil reparar un daño. Pero es lo correcto.

Querido Josué:

Perdón por lanzar tus zapatos al árbol.

David

Este niño ayuda a su amigo a bajar sus zapatos del árbol.

Dar lo mejor de ti

Depende de cada uno de nosotros ser la mejor persona posible. Podemos dar lo mejor si decimos "lo siento" cuando herimos a otros. También podemos decir "te perdono". Pero lo más importante es reparar el daño. Puede ayudar mucho a sanar los sentimientos heridos.

¡Al hacer esto, decides dar lo mejor de ti mismo!

Ser amable

A veces, tus amigos o tu familia hieren tus sentimientos. Pero generalmente no tienen intención de hacerlo. No te precipites a juzgar a los demás. ¡Un poco de amabilidad sirve de mucho!

Glosario

control: poder sobre algo o alguien

decisiones: elecciones entre dos o más opciones

disculpas: algo que se dice o se escribe para demostrar que lo sentimos

ofensa: algo que causa dolor o enojo a una persona

perdonar: dejar de culpar a alguien o de estar enojado con una persona

reparar: hacer cosas para corregir un error

valentía: la habilidad de hacer algo que sabes que será difícil